Erik Flügge und David Holte

EINE KIRCHE FÜR VIELE STATT HEILIGEM REST

Erik Flügge und David Holte

EINE KIRCHE FÜR VIELE

STATT HEILIGEM REST

HERDER

FREIBURG · BASEL · WIEN

Inhalt

Zahlen
für den Rest?

*90 Prozent der Kirchenmitglieder nehmen nicht am Gemeinde-
leben Teil. Sie zahlen nur für den Rest. Kann das wirklich die
Idee einer Kirche sein?*

Mein Name ist Erik Flügge und ich bin einer von den
90 Prozent. Jeden Monat frage ich mich: Was passiert eigentlich mit meinen Kirchensteuergeldern? Wahrscheinlich viel - nur halt nichts für mich. Das ist nicht schlimm,
denn andere könnten es nötiger haben, dass die Kirche
sich um sie kümmert. Aber nicht mal »Danke« wird mir
gesagt dafür, dass ich Monat für Monat mit meiner Kirchensteuer mitfinanziere, was andere Leute nutzen. Was
wird denn an Gemeindeleben finanziert? Gemeinde-
häuser. Ach je. Klar, auch ich könnte in ein muffiges
Gemeindehaus gehen, um am Seniorennachmittag teilzunehmen - nur will ich das nicht. Mir bedeutet das Gemeindehaus gar nichts. Ob es da ist, ob es weg ist, ob
es offen ist, ob es geschlossen ist, das macht für mich
überhaupt keinen Unterschied mehr. Mir bedeutet das
Pfarramt gar nichts. Ob es da ist, oder weg ist, ob es offen ist oder ob es geschlossen ist, das ist mir wirklich
komplett egal.

Meine Kirche, die bedeutet mir etwas. Das Christentum in unserer Welt halte ich für bereichernd. Die Gesamtorganisation Kirche mag ich, weil sie mich biografisch prägte. Aber immer wenn ich ihr heute real begegne, regt ihr Desinteresse an 90 Prozent ihrer Mitglieder mich furchtbar auf. Ich habe ein paar Mal darüber nachgedacht, auszutreten. Weil es am kirchlichen Leben so gar nichts gibt, was mit meinem Leben in Verbindung steht. Noch tue ich es nicht. Aus Verbundenheit - weil diese Kirche mir mal Heimat war. Aber wie lange mag es noch dauern, bis die Erinnerung daran verblasst? Und was ist mit all jenen, die niemals eine Heimat in der Kirche gefunden haben?

Wie lange kann eine Organisation überleben, wenn die meisten Mitglieder, die sie finanziell tragen, keinerlei Nutzen in ihrer Tätigkeit mehr erkennen? So eine Organisation würde Mitglieder verlieren, wahrscheinlich sogar sehr viele Mitglieder. Egal, wie groß ihre Bindungskraft früher gewesen sein mag, wenn eine Organisation heute nichts mehr zum Leben beiträgt, dann wird man sie verlassen. Solch eine Organisation ist die Kirche. Die Leute verlassen sie.

Der Traum von einem lebendigen Christentum

Wissen Sie, ich habe dieses Christentum noch nicht aufgegeben. Ich glaube noch daran, dass es bestehen kann. Weil das Christentum vielleicht die faszinierendste unter allen Religionen ist. Die eine Religion, die nicht den Sieger feiert, sondern den Gekreuzigten.

Vor einiger Zeit stellte ich ein paar Thesen auf, wie die christlichen Kirchen überleben können. Ich war durchaus verwundert, dass ich Zustimmung fand. Schließlich hatte ich meine Thesen mit harten Sätzen begonnen. Zum Beispiel mit diesem: »Jeder Schlag der Abrissglocke gegen einen Glockenturm ist ein Geläut, das mir Hoffnung macht.« Ich formulierte, dass ich die Hoffnung habe, dass sich die Kirche der Zukunft nicht länger über ihre Immobilien definiert, sondern über das aktive Leben in ihr. Dass diese Kirche nicht länger eine kafkaeske Bürokratie darstellen möchte. Dass die Mittel nicht mehr mit der Gießkanne verteilt werden, sondern überall dort investiert wird, wo noch Leben in der Kirche ist und daran geglaubt wird, dass es eine Zukunft gibt.

Diese Thesen fanden Zustimmung links wie rechts in der Kirche und sie fanden wie gewohnt Widerstand. Der meiste Widerstand kam von Menschen in der Kirche, die ich noch von früher kenne. Menschen, die mir schon vor zwanzig Jahren erzählten, dass sie eigentlich keine Lust mehr haben, in der Kirchengemeinde zu arbeiten und es noch heute tun. Sie empfanden es als Affront, dass meine fünfte These lautete, man solle sich von Mitarbeiterinnen und Mitarbeitern trennen, die eine pastorale Depression verspüren und versprühen.

Widerstand erntete ich auch von jenen, die um jedes Kirchengebäude kämpfen. Mir wurde immer wieder das Beispiel des Immenrather Doms genannt. Eine alte Kirche, die dem Braunkohleabbau weichen soll und die nun von Menschen verzweifelt verteidigt wird. Als kämpften diese Menschen um das Kirchengebäude und nicht darum, dass ihr ganzer Ort bestehen bleibt. Als würde es einen Unterschied machen, wenn dieser Dom stehen bliebe, aber jedes Zuhause drum herum dem Abriss zum Opfer fiele. Der Immenrather Dom ist ein Symbol. Er ist den Leuten weit weniger heilig als Gotteshaus denn als Symbol ihrer Heimat, die nicht verloren gehen soll.

Die Gegenargumente, die ich auf meine Thesen hörte, haben mich nicht überzeugt. Was spricht für eine Behördenkirche oder eine Immobilienverwaltungsgesellschaft im Namen des Herrn? Was spricht für pastorale Teams mit Mitarbeitenden, die an ihren Job nicht mehr glauben, wenn doch alle pastoralen Teams, die mit Freude arbeiten, auch heute noch Erfolg haben? Nichts.

Noch schwerer als diese schwachen Gegenargumente wiegt für mich: Ich habe keine Lust mehr auf den Untergangsdiskurs. Ich habe keine Lust mehr auf die zwanzigste Veranstaltung zur »Kirche 2030«, in der immer darüber gesprochen wird, dass die Kirche sich aufmachen muss hinaus zu den Vielen, nur um dann im Jahr 2030 die Veranstaltung »Kirche 2040« zu planen, in der dann besprochen wird, dass sich die Kirche jetzt aber wirklich aufmachen muss hinaus zu den Vielen.

90 Prozent
für 90 Prozent

Ich möchte ein kleines gedankliches Experiment mit Ihnen unternehmen. Ich möchte mir eine Kirche vorstellen, die 90 Prozent ihrer gesamten zur Verfügung stehenden Mittel für die 90 Prozent ihrer Mitglieder aufwendet, die heute nicht am Gemeindeleben teilnehmen. Die 10 Prozent, die heute alles bekommen, sollen in dieser Kirche den Anteil haben, der ihnen entspricht: ein Zehntel vom Ganzen.

Das wäre eine Kirche, die wirklich hinausgeht zu den Vielen, statt nur darüber zu reden.

Obwohl das Geld anders verteilt wird, soll es in dieser »Kirche der Vielen« um das Thema Glaube gehen und auch darum, Menschen in allen möglichen Lebenslagen beizustehen. Es geht also nicht um eine Kirche, die sich als reiner Dienstleister versteht, sondern um eine Kirche, die all ihre Mittel und Kraft darauf verwendet, den Glauben ihrer Mitglieder zu stärken.

Ganz am Anfang dieses kleinen Gedankenspiels steht die Frage nach den zur Verfügung stehenden Mitteln. Rund 500 Euro bezahlt jedes Jahr ein durchschnittlicher Haushalt in Deutschland Kirchensteuer. Stellen wir uns für das Experiment eine kleine Kirche vor, die insgesamt 5.000 Haushalte versorgt. In Deutschland leben im Durschnitt zwei Personen in einem Haushalt, das wären also in dieser kleinen Kirche zusammen rund 10.000 Mitglieder. 5.000 Haushalte mit 500 Euro Kirchensteuer im Jahr würden ein jährliches Gesamtbudget von 2,5 Millionen Euro bringen. Das ist gar nicht so schlecht.

Was könnte diese Kirche tun, wenn sie all ihr Geld in Personal investieren würde? Die Kirche in unserem Experiment könnte, wenn man die Kosten für Gehalt, Sozialleistungen, Büromiete, Kaffee, Lohnbuchhaltung, Betriebsausflug, Weihnachtsfeier und so weiter zusammen nimmt, rund 30 Personen zu einem ordentlichen Gehalt einstellen.

30 Menschen können als Team, wenn sie sich nicht nur untereinander verwalten, viel erreichen. Am einfachsten ist es, wenn man schlicht ausrechnet, wie viele Tage all diese 30 Menschen ohne Überstunden pro Jahr leisten können. Dafür rechnet man rund 20 Tage pro Monat pro Mitarbeiterin und Mitarbeiter. In unserer kleinen Kirche bedeutet dies 30 Personen mal 20 Tage mal 12 Monate. Das ergibt zusammen genommen 7.200 Arbeitstage. Damit stünde mehr als ein ganzer Arbeitstag pro Haushalt und fast ein ganzer Arbeitstag für jede Person in der Gemeinde zur Verfügung.

Stellen Sie sich jetzt eine Kirche vor, die sechs Stunden pro Jahr mit jedem ihrer Mitglieder kommuniziert, über den Glauben spricht, betet. Für die allermeisten wäre das unfassbar viel mehr als alles, was sie jemals mit ihrer Kirche erlebt haben. In sechs Stunden pro Person passen problemlos alle Hochzeiten, Taufen und Beerdigungen, die einem Menschen in einem Jahr widerfahren können. In sechs Stunden passen zusätzlich noch Telefonate miteinander oder der eine oder andere Besuch im Lauf eines Jahres. Sechs Stunden sind sehr viel Zeit. Sehr viel Zeit für alle - außer natürlich für die Wenigen, die seither alles bekommen. Die paar Leute, die am Gemeindeleben teilnehmen, nehmen weit mehr als sechs Stunden pro Person in Anspruch. Sie nutzen Zeit des Personals im Gottesdienst, im Kirchengemeinderat, beim Gemeindefest, in Veranstaltungen, beim Kirchenausflug, im katholischen Verband und in der Bildungsakademie. Sie nehmen alles für sich und teilen nicht gerecht. Das soll gar kein Vorwurf sein - schließlich bietet die Kirche genau diese Nutzung so an.

Doch denken wir die Kirche doch schlicht einmal anders. Denken wir nicht darüber nach, wie die Mitglieder in die Kirche kommen können. Sondern denken wir daran, wie die Kirche zu ihren Mitgliedern kommen könnte. 30 Personen, die sich keine andere Aufgabe geben, als Menschen zu besuchen. Ein Besuch für jeweils zwei Stunden und das sechs Stunden am Tag, also drei Besuche pro Mitarbeiter pro Tag. Das ergäbe zusammen 43.200 Besuche, ohne eine einzige Überstunde gesammelt zu haben. Bei 5.000 Haushalten bedeutet das, dass man über acht Mal pro Jahr die Mitglieder besuchen könnte. Jede einzelne Familie, jede einzelne Person, die alleine lebt. Jeden Menschen, der Mitglied in der Kirche ist, könnte man besuchen. Beinahe jeden Monat könnte man an der Türe klingeln und sich Zeit nehmen. Nicht nur einen Moment, sondern ganze zwei Stunden lang. Man könnte über Gott und die Welt sprechen und vielleicht genau das werden, wofür sich viel zu viele Menschen heute Therapeuten suchen: ein Seelsorger.

30 Personen – wo sind die?

Moment mal, mit den Kirchensteuereinnahmen könnte man problemlos 30 Personen in einer kleinen Gemeinde mit nur 5.000 Haushalten bezahlen? Bezahlen inklusive Büroräumen und der notwendigen Buchhaltung? Wo stecken denn bitte diese Leute heute? Und wo steckt das

Geld in der Kirche? Es steckt im Unterhalt von Gebäuden. Im Gotteshaus und der Orgelsanierung, im Gemeindehaus und in dessen Renovierung. Es steckt in Diözesanverwaltungen mit Fachstellen zu allen möglichen Themen, in Fahrern und Domschweizern, in Auslandsreisen und Verwaltungssitzen. Es steckt in Universitäten und Mentoring-Programmen, in Kunstgalerien und Diözesanmuseen. Das Vermögen steckt in Verlagen und Schreibstuben, in Bibelwerkstätten und Fenstermalerei. Es steckt in der Struktur, es steckt in der Binnenkultur. Es steckt überall, nur nicht im Glauben vieler Mitglieder.

Schuld an dieser Entwicklung hat nicht allein die Kirchenleitung. Ganz und gar nicht. Wer so schimpft, macht es sich zu einfach. Denn jedes noch so kleine Privileg der 10 Prozent, die alles bekommen, wird bis aufs Blut verteidigt. Versuchen Sie doch mal, ein Gemeindehaus zu schließen. Versuchen Sie doch mal, kirchliche Mitarbeiter dazu zu ermahnen, weniger Vorbereitungstreffen untereinander durchzuführen. Versuchen Sie doch mal, auf eine Orgel zu verzichten, statt deren teure Renovierung in Auftrag zu geben. Versuchen Sie doch mal, auch nur eine Veranstaltung nicht weiter durchzuführen, die seit Jahren keiner mehr besucht. Immer gibt es einen Aufschrei. Ein Aufschrei der sowieso schon privilegierten

10 Prozent, für die die aktuelle Form der Kirche passt. 10 Prozent bestehend aus ehrenamtlich in der Kirche Engagierten, Kirchgängern und kirchlichen Mitarbeitern. Eine Gruppe von Menschen, die über das Sterben der Kirche wie keine andere klagt, aber keine Veränderung will, weil sie sehr genau weiß, dass jede Veränderung zugunsten der anderen Mitglieder zu ihren Lasten geht.

Dem gleichen Prinzip folgend wird auch auf allen anderen Ebenen der Kirche alles verteidigt. Schulen und Bildungsangebote, Fachstellen und Verwaltungsbereiche, Bildungshäuser und Einrichtungen. Alles wird ständig für unantastbar erklärt. Jeder Versuch der Umverteilung wird abgewürgt. Eine Raffgier der Privilegien von der kleinsten Kirchengemeinde bis in die größte kirchliche Verwaltungseinheit. Eine Raffgier, die auch vor der Jugend nicht halt macht. Selbst der toteste Jugendverband wird weiter mit Personal ausgestattet, obwohl jede Kraft in den lebendigen anderen Jugendverbänden besser investiert wäre. Nichts darf sterben, aber alles im langen Siechtum verweilen.

Das tiefe Problem dieses Vorwurfs ist, dass der Egoismus in der Kirche systemisch ist, aber nicht individuell. Individuell arbeiten viele Menschen in der Kirche bis zur Selbstaufgabe. Sie reißen Überstunden über Überstunden ab und investieren oft sogar privates Geld. Ehrenamtliche reiben sich für ihre Kirche auf. Sie übernehmen alle Aufgaben, die von der Amtskirche nicht mehr finanziert werden, in Eigenregie bis zum Burnout. Sie alle leiden unter starren Strukturen, von ganz unten bis ganz oben. Jeder wünscht sich den Befreiungsschlag, aber die Systemkräfte sind dafür zu stark.

Änderungen kommen meist lediglich als Kürzungen daher und gegen Kürzungen ist Widerstand immer richtig. Aber leider erfordert ein ernsthafter Umbau der Kirche die Selbstbefreiung von sich immer höher auftürmenden Verwaltungs- und Selbstverwaltungsstrukturen. Eine Selbstbefreiung erfordert, dass der tausendste Versuch beendet wird, die Menschen in die Kirche zu bekommen, wenn sie sich dort nun wahrlich nicht aufhalten wollen, zugunsten einer Umkehr des Prinzips vom Abwarten zum Aufsuchen.

Eine Kirche der Vielen, eine Kirche der Zukunft trennt sich von Immobilien und der damit verbundenen Verantwortung. Sie stellt konsequent ein, was nur aus verzweifeltem Festhalten an der Tradition weiter getragen wird, aber keinen mehr hat, der an dieser Tradition teilhaben will. Eine Kirche, die es ernst meint, die in unserer Welt weiterbestehen will, die wendet sich all ihren Mitglie dern zu, wendet sich den 100 Prozent zu und nicht nur weiterhin den 10 Prozent.

Der falsche Gedanke

War das zu einfach gedacht? Ein Freund sendet mir eine WhatsApp-Sprachnachricht. Ich hatte ihm den Text bis hierhin zugeschickt. Er sagt mir, er fände den zugrunde liegenden Gedanken spannend, aber zu kurz gegriffen. Besuche allein retten doch nicht die Kirche. Sagt er. Irgendwie sei das doch langweilig. Sagt er. Hm, denke ich, das hatte ich mir anders vorgestellt. Stattdessen, so meint er, müsse die Kirche an die großen Fragen heran: Frauenpriestertum, Sexualmoral und Zölibat. Ach: Der Freund ist ein katholischer Priester.

Intuitiv erahne ich, dass er wohl recht hat. Irgendwas stimmt nicht mit diesem Text hier. Irgendwas fehlt. Die These ist provokant, der Ansatz diskussionswürdig, aber ihm fehlt etwas. Er zielt am Kern der eigentlichen Frage vorbei. Aber was ist die Frage? Denn Frauenpriestertum, Zölibat und Sexualmoral, das alles finde ich nicht sonderlich spannend. Tot gekaut und ausgelutscht sind diese Fragen.

Plötzlich hadere ich mit diesem Buch. Soll ich es veröffentlichen? Der befreundete Priester schickte mir noch eine Nachricht hinterher: »Das schreibe ich Dir jetzt als Freund (!): Ich würde diesen Text so nicht veröffentlichen.«

Das war hart. Geht meine These so sehr am Wichtigen in der Kirche vorbei? Geht es wirklich vor allem um Frauenpriestertum, um den Zölibat und die Sexualmoral? Wirklich?

Kurz nachdem ich diesen Text geschrieben hatte, war ich unterwegs bei einer evangelischen Landeskirche. Mit Hilfe einer Demografie-Simulation, die ich vor ein paar Jahren entwickelt habe, erarbeiteten wir, wie tragfähig die Strukturen kirchlicher Jugendarbeit in Zukunft noch sind. Kleiner Spoiler: Es wird eng.

Im Rahmen der Veranstaltung fiel mir eines auf. Der ganze Diskurs drehte sich nur um Rückzug, Rückbau oder Werbung für bestehende Angebote. In der Landeskirche, in der ich zu Besuch war, sind Frauen selbstverständlich Pfarrerinnen, der Landesbischof steht zusammen mit seiner ganzen Synode für eine moderne Sexualmoral und zölibatär ging es echt nicht zu. Ich war bei einer Kirche, in der all die großen Fragen, um die sich der Katholizismus ständig dreht, schon längst gelöst sind. Trotzdem liegt auch diese Kirche im Sterben.

Es ging auch hier darum, dass die kirchliche Struktur nicht für die Zukunft trägt. Es ging auch hier um Rückbau. Eine Frage allerdings stellte sich, wie bei den Katholiken auch, nicht: Wie erreichen wir einfach mal alle getauften Mitglieder der Kirche? Nicht dafür, dass diese an einem Angebot teilnehmen, sondern schlicht in dem Sinne, dass sie mal was von ihrer Kirche hören.

Deshalb entschloss ich mich nach einem halben Tag Diskussion über die Verschlankung und Veränderung von Strukturen, die ersten Kapitel dieses Textes vorzulesen. Sofort meldete sich ein Pfarrer zu Wort. Er sagte, das hier käme ihm doch alles wie die Zeugen Jehovas vor. Die meisten Leute wollen doch gar nichts von ihrer Kirche wissen. Er könne das mit Gewissheit sagen, denn er habe schon einmal ein Jahr lang Hausbesuche gemacht.

Wieder fällt meine These durch. Verdammt nochmal, ist die wirklich so schlecht?

Ich stellte eine schnelle Rückfrage: »Wie lief's denn?« Seine Antwort: »Ich würde sagen, nur rund ein Drittel wollte reden.«

Wow, nur ein Drittel aller Kirchenmitglieder wollte reden? Übrigens nicht kurz, sondern über eine Stunde lang, berichtete der Pfarrer. »Nur« ein Drittel?

Was dann passierte, war wirklich spannend. Dieser Pfarrer, der zuvor am Tag schon öfters davon gesprochen hatte, dass er in Bezug auf die Frage nach der Zukunft der Kirche resigniert habe, erzählte uns von seiner Erfahrung bei diesen Hausbesuchen. Dass das gute Gespräche gewesen seien. Manchmal über Probleme, manchmal nur über die Kirche und Gespräche, die immer weiter führten. Er erinnerte sich, dass er damals sogar aufgeschrieben hatte, dass die Kirche mehr Kontakte suchen sollte. Dass er selbst eine Empfehlung geschrieben hatte, mehr Hausbesuche zu machen, nur dass der keiner gefolgt sei. Irgendwie wäre es am Ende wieder der gleiche Trott gewesen und der frustriere zutiefst.

Wir debattierten weiter. Andere meldeten sich zu Wort, mit eigenen Ideen, wie man mit dem übergroßen Rest der Leute in Kontakt treten könnte, die noch nicht kommen. Irgendwann meldete sich der Pfarrer nochmals zu Wort: »Ich ärgere mich. Ich nehme das jetzt zurück. Das ist nicht falsch mit den Hausbesuchen. Das ist richtig. Ich hab das für richtig gehalten und weiß, dass das richtig ist. Und jetzt war ich nur dagegen, weil es unsere Strukturen angreift. Aber ich bin dafür. Ich nehme das zurück. Ich will das zurücknehmen. Das ist richtig!«

Okay. Nur bleibt für mich bleibt eine Frage offen: Wenn mein Gedanke von der aufsuchenden Kirche so richtig ist und ein Pfarrer damit sogar gute Erfahrungen gemacht hat, warum erzeugt er so viel Widerstand? Ja, er greift Strukturen an und das tut weh. Aber normalerweise ist es in der Kirche eine Art Fetisch, sich immer für die eigenen Unkulturen zu geißeln, sich ständig selbst kritisch zu hinterfragen und jeden Angriff offen und begeistert aufzunehmen, zu diskutieren und dann zu ignorieren. Warum nur wird mein Gedanke dieses Mal nicht begeistert aufgegriffen und dann später in der Praxis ignoriert? Warum funktioniert er nicht so, wie alle Kritiken an der Kirche funktionieren?

Das Christentum ist Matsch

Schon seit Tagen denke ich darüber nach, wo das Problem steckt. Wie treibt man eine These voran, die keiner will, weil es sich lohnt, dass sie besprochen wird? Es lohnt sich, weil Hausbesuche verdammt nochmal nachweislich funktionieren!

Wie peppt man die These auf?

Als ich mich bei diesem Gedanken erwische, ist er mir selbst peinlich. Oh je, jetzt bin ich schon genau wie die Leute in der Kirche, die irgendein Angebot, das keiner will, noch ein bisschen cooler machen wollen. Aber es ändert nichts daran, der Gedanke überzeugt zu viele auf Anhieb nicht.

Ich lege den Laptop beiseite und gehe zum Sport. Ich habe noch zwei Stunden bis zum nächsten Flug. Dieses Mal geht es zu den Katholiken in Österreich. Die haben das gleiche Problem wie die Katholiken in Deutschland, nur dazu noch viel weniger Geld. Irgendwie, so kommt es mir vor, interessiert sich keiner mehr für den katholischen Glauben - egal ob in Österreich oder in Deutschland. Bei den Protestanten in Württemberg am Tag zuvor war es nicht anders. Die hatten mich eingeladen, weil sie junge Menschen immer schlechter erreichen. Irgendwie interessiert sich keiner mehr für den evangelischen Glauben. Das Christentum in Westeuropa ist Matsch - überall.

Ach, noch was: Eigentlich wollte ich dieses Buch alleine schreiben. Ich wollte ein kleines Feuerwerk abbrennen, mit dem Leute in der Kirche motiviert werden, andere Mitglieder der Kirche aufzusuchen und mit ihnen ins Gespräch zu gehen. Ich wollte das, weil ich der festen Überzeugung bin, dass das nicht ohne Wirkung bleibt. Und ich sicher bin, dass es sich lohnt.

Liege ich wirklich falsch? Vielleicht ja, aber ich habe eine Idee, wie ich das herausfinden kann. Ich bin ein junger Katholik, der tapfer in der Kirche bleibt, obwohl ich manchmal nur schwer beantworten kann, warum. Ich habe einen Freund und Kollegen, der lange in der evangelischen Kirche war und irgendwann austrat. Ich frage ihn, ob er ein paar Seiten beisteuern will. Seiten darüber, ob die Hausbesuche, die ich vorschlage, ihn vielleicht in der Kirche hätten halten können. Ich frage David Holte, ob er mit mir dieses Buch schreibt - und der sagt Ja.

Mein Kirchenaustritt
–
Ein persönlicher Bericht

Mein Name ist David Holte und ich möchte gerne einen Perspektivwechsel vornehmen. Ich war einer der 90 Prozent, die monatlich ungefragt Kirchensteuer bezahlten, ohne jeglichen Kontakt zur Kirche gehabt zu haben. Richtig, ich *war* es. Jetzt bin ich es nicht mehr. Ich bin aus der Kirche ausgetreten.

Eigentlich komisch: Ich bin getauft und zumindest meine Mutter hat mir stets christliche Werte vermittelt. Eigentlich gehöre ich doch zur Zielgruppe der Kirche. Wieso konnte sie meinen Austritt nicht verhindern?

Vielleicht hätte eine kleine Geste gereicht. Denn: Ich hatte von meiner Kirche schlicht seit Ewigkeiten nichts gehört. Klar, ich hätte mich darum bemühen können. Aber weshalb, wenn sich auch diese Kirche nicht um mich bemüht? Nicht einmal ein kleines Zeichen, dass die überhaupt wissen, dass ich noch da bin. Vielleicht hätte es auch gereicht, wenn jemand nach meinem Austritt einfach mal angerufen hätte, um mich zu fragen, was denn da los war. Sich für etwas Gutes einzusetzen, das ist mir nicht egal; aber eine Kirche, der ich offensichtlich egal bin, die ist mir egal.

Am meisten hat es mich gestört, dass ich als Student von meinem kleinen Nebenjobgehalt ungefragt eine Institution mitfinanzierte, von der ich schlichtweg nicht weiß, was sie mit dem Geld anstellt. Zwanzig Euro im Monat waren das. Das wäre ein gutes Buch oder ein Handyvertrag. Ich könnte davon meine Freundin zum Essen einladen oder ich trinke einfach zehn Kölsch. Ich könnte gutgläubig annehmen, die Kirche nutzt das Geld für ganz viele hilfreiche Projekte. Projekte, von denen Kinder, ältere Menschen oder Hilfebedürftige profitieren. Wüsste ich das, dann hätte ich wohl innerlich die zwanzig Euro als wohltätige Spende verbucht und nicht weiter drüber nachgedacht. Ich wusste aber nicht, was damit passiert. Stattdessen lese ich über Finanzskandale, von teuren Bauten oder Missbrauchsfällen. Will ich das mitfinanzieren? Nein.

Also entschloss ich mich, auszutreten. Die Hemmschwelle dafür war relativ hoch. Ich musste recherchieren, wie das überhaupt geht, musste einen Termin beim Amtsgericht machen, sogar 30 Euro hat der Austritt mich an Bearbeitungsgebühren gekostet. Ich habe mehr Zeit in den Austritt aus der Kirche investiert als die Kirche Zeit in mich.

Kirche war also durch bei mir. Trotzdem fragte ich

Erik Flügge vor einiger Zeit: »Wieso beschäftigst du dich eigentlich mit diesem Kirchenkram?« Wir kannten uns aus dem politischen Umfeld und arbeiteten schon länger in dem Bereich zusammen. Mir war der ganze Bereich Kirche gänzlich fremd. Erik antwortete damals: »In dem Laden steckt noch viel Potenzial.« Alles klar, Potenzial klingt erst einmal vielversprechend. »Potenzial wofür?«, hakte ich nach. »Das Potenzial, vielen Menschen in ihren alltäglichen Sorgen zu helfen und sie in ihrem Glauben zu stärken«, antwortete er. Das überzeugte mich und ich begann zu überlegen, welchen Stellenwert die Kirche und der Glaube für mich noch haben. Inzwischen entwickle ich gemeinsam mit Erik seit einiger Zeit kommunikative Lösungen für Kirchen. Ich reise auch durchs Land, um über neue Formen der Glaubenskommunikation zu sprechen. Aber ganz erreicht mich selbst heute weder »meine« evangelische Kirche noch die katholische.

Bin ich eigentlich gläubig? Diese Frage klingt immer so absolut, so bekennerisch. Als ich vor einigen Jahren aus der Kirche austrat, konnte ich mir diese Frage ehrlicherweise nicht beantworten. Ich behaupte, die wenigsten jungen Erwachsenen können mit voller Gewissheit sagen: »Ich glaube zu 100 Prozent, dass es einen Gott gibt« oder »Ich glaube zu 100 Prozent, was da in der Bibel steht«. Egal, ob man sie wörtlich oder im übertragenen Sinne verstehen will, in meinem Umfeld sagt das niemand. Das mag an meinem Umfeld liegen, aber die Unsicherheit im Glauben ist ganz sicher ziemlich weit verbreitet. Heute wird mir klar, dass ich damals keinen Ansatzpunkt hatte, mir überhaupt große Gedanken über die Glaubensfrage zu machen. Weder mit Freunden noch mit der Familie musste ich mich dazu bekennen. Sie spielte in meinem Leben schlicht keine Rolle.

Was hätte mich also damals davor bewahrt auszutreten? Ich stelle mir vor, ein Kirchenmitarbeiter steht vor meiner Tür und sagt: »Lieber David, vielen Dank für deinen Beitrag. Wir bauen von unseren Mitteln aktuell den örtlichen Kindergarten aus. Und erzähl doch mal, wie hältst du's mit dem Glauben?« Zack, ein Kontakt wäre entstanden. Ich bin mir sicher, daraus wäre ein fruchtbares Gespräch geworden. Egal, ob ich nun glaube, Gott hat die Welt in sieben Tagen geschaffen oder nicht, der persönliche Austausch über grundlegende Fragen hätte gewirkt.

Wir hätten darüber sprechen können, welche Themen mich überhaupt beschäftigen, wie ich mir das Zusammenleben mit meinen Mitmenschen und meiner Familie vorstelle, wie mein Bild von Religion zum Auftrag der

Kirche passt. Wir hätten viele andere Fragen diskutieren können: Welchen Auftrag hat die Kirche überhaupt? Wie fühlt es sich an zu glauben, wie geht das eigentlich und bringt mir das verdammt noch mal irgendetwas?

Wenn ich das Gefühl hätte »Hey, da ist eine Person, die hat ernsthaftes Interesse an mir« - ich bin mir sicher, ich hätte auch ernsthaftes Interesse an ihr. Ich kenne die Probleme eines Kirchenmitarbeiters nicht. Ich kenne nicht einmal die korrekte Berufsbezeichnung. Vielleicht hätte ich mich sogar ehrenamtlich vor Ort engagiert, hätte mir ein Projekt gefallen. Vielleicht hätte ich im Diskurs angefangen, mich stärker mit meinem eigenen Glauben auseinanderzusetzen. Naja, wie heißt es so schön: »Hätte, hätte, Fahrradkette.«

Ich bin kein Einzelfall. Das Bistum Essen hat kürzlich in einer breit angelegten Studie »Kirchenaustritt - oder nicht?« die Gründe für ihren Mitgliederschwund untersucht. Dafür interviewte eine Forschungsgruppe ausgetretene Kirchenmitglieder. Also Menschen wie mich. Im Ergebnis ist die Kirchensteuer durchaus ein Auslöser für die Austrittsentscheidung. Doch interessanterweise liegt in der Steuer nicht zwangsläufig die tiefere Ursache für einen Austritt. Wenn die Kirchensteuer nur der Tropfen ist, der das Fass zum Überlaufen bringt: Was ist dann die eigentliche Ursache eines Austritts? Ganz sicher fehlende positive Erfahrungen. Die Bindung muss nicht zwingend vor meiner Haustüre entstehen. Persönliche Nähe kann immer dann entstehen, wenn sich in meinem Leben etwas stark verändert. Wenn ich beispielsweise neu in einem Ort bin oder wenn ich eine Beziehungskrise erfahre. Wenn ich Kinder bekomme oder diese eingeschult werden. In diesen Situationen entstehen vielfältige Anknüpfungspunkte für persönliche Bindungen. Ich allerdings erinnere mich an keine einzige. Frage ich in meinem Umfeld nach, dann erzählen mir einige von der schönen Zeit während der Kommunion. Andere wurden in ihrer Erziehung stärker religiös sozialisiert. Problematisch wird es, wenn beides nicht vorliegt.

Die Studie fand also heraus, dass eine fehlende Bindung sowie zunehmende Entfremdung die maßgeblichen Gründe sind. Außerdem wird viel Wert auf die Qualität der Seelsorge vor Ort gelegt. Die Studie empfiehlt: bessere Erreichbarkeit und professionelles »Mitglieder-Management«. Insgesamt müsse die katholische Kirche an ihrem nicht mehr zeitgemäßen Erscheinungsbild arbeiten und dürfe dabei die jungen Erwachsenen nicht vergessen, die am häufigsten aus der Kirche austreten.

Betrachten wir es einmal ganz analytisch: Es geht um eine Organisation, die sich seit anno - so genau kann das keiner mehr sagen - irgendwie für das Wohlbefinden der Menschen einsetzt. Wie sie das tut, so genau weiß es keiner. Eine Organisation, die in jedem Winkel der Republik vertreten ist, und doch kennen die wenigsten den genauen Ortssitz. Eine Organisation, die einen hohen gesellschaftlichen Stellenwert hat, und dennoch von Mitgliederschwund und Glaubwürdigkeitsverlust ein Lied singen kann. Fällt Ihnen etwas auf? Mir als Politikwissenschaftler kommt das sehr bekannt vor. Dieser Absatz hätte ebenso gut in ein Politikbuch zu den Problemen der großen deutschen Parteien gepasst. Ob Evangelische Kirche, Katholische Kirche, SPD oder CDU, ob Gemeinde- oder Parteihaus, alle haben sie das gleiche Problem: Viele Menschen haben entweder kein Interesse an ihnen oder gänzlich das Vertrauen in sie verloren.

Der Auftrag einer Kirche mag ein anderer sein als der einer politischen Partei. Die Problemlagen sind trotzdem ähnlich. Vielleicht gibt es sogar bereits passende und funktionierende Lösungsansätze? Was Politiker und Parteien manchmal - wenn auch selten, und dann leider nur zu Wahlkampfzeiten - kultivieren, sind persönliche

Begegnungen. Tatsächlich ist diese Form der Kontakt-aufnahme recht erfolgreich.

Aus der Wahlforschung wissen wir, dass interperso-nelle Kommunikation einen wesentlich höheren Ein-fluss auf die eigene Meinung hat als der Konsum anderer Medien. Durch Massenmedien bestätigen wir meist nur unsere bestehende Meinung. Neue Denkweisen neh-men wir durch sie so gut wie nie an. Auf der Ebene des sozialen Kontakts sind wir viel eher dazu geneigt, uns auf neue Gedanken einzulassen. Die unmittelbare per-sönliche Ansprache, in einer gewohnten Umgebung, ist manchmal der einzige Weg, überhaupt in ein Gespräch zu kommen. Warum sollte dies nur für politischen Aus-tausch gelten und nicht für Glaubensfragen?

Wenn ich mich nicht sehr darum bemühe, in Kontakt mit meiner Glaubensgemeinschaft zu treten, bekomme ich nichts von ihr mit. Nicht über Zeitungen oder Mitglie-der-Magazine, nicht über Fernsehsendungen, nicht über Soziale Medien im Internet. Falls dort mal etwas steht, überlese ich es. Falls ich es doch lese, ist es eher pein-lich als ansprechend. Ein persönliches Gespräch hinge-gen macht nachdenklich. Es bleibt immer etwas davon hängen. Wir alle haben Zweifel, Fragen oder benötigen Sinnbilder für schwierige Situationen. Ich glaube, dass eine Person, die sich wahrhaftig mit Glaubensfragen aus-einandergesetzt hat, ein spannender Gesprächspartner sein kann. Irgendwas muss die Kirche ja zu bieten haben, immerhin gibt es sie schon seit zwei Jahrtausenden.

Das mag simpel klingen, ist aber essenziell. Dass es funktioniert, sehen wir in der politischen Praxis. Hätte die Kirche meinen Austritt also verhindern können? Ja, ich denke schon. Ich will als Mitglied ernst genommen werden. Ich will eine offene, leicht zugängliche Organi-sation, die mir in meinen Lebenssituationen hilft. Ich will mitbestimmen, was mit meinem Geld passiert. Ich will Diskussionen über aktuelle relevante Fragen füh-ren - gerne auch über Glaube und Gott. Was wäre dafür nötig gewesen? Ein, zwei persönliche Kontakte, viel-leicht ein tiefergehendes Gespräch. Das hätte wohl ge-reicht. Schade eigentlich.

Relevanzproblem

Hier wieder Erik: Ich lese den Text von David Holte. Er leuchtet mir ein. Die Grundthese dieses Buches bestätigt sich ein ums andere Mal. Genau wie in der Erfahrung des evangelischen Pfarrers. Direkte Kontaktaufnahmen können Menschen binden und sogar zu einer Umkehr bringen.

Bei einem Abendessen in einem katholischen Kloster, in dem ich für Pastoralreferenten eine Schulung zu *Story Telling* und erfolgreicher Verkündigung gebe, komme ich mit einem motivierten Praktiker von vor Ort ins Gespräch über meine Hausbesuchsstrategie. Er hört mir interessiert zu und fragt immer weiter nach. Er sagt, was ich selten in der Kirche höre: »Ich frag' so genau nach, weil wir vor Ort ja einfach Sachen ausprobieren können. Ich gehe also an die Tür und spreche mit den Leuten. Und dann? Was kommt dann?«

Genau das ist das Problem mit diesem gesamten Text. Ich ziehe los und spreche mit Leuten an der Tür, um sie zu einer Umkehr zu bewegen. Zu einer Umkehr wohin?

Der Ansatz, die Kirche umzubauen in ein System, das seine Kraft massiv in das Aufbauen und Pflegen persönlicher Kontakte investiert, ist vor allem eine Symptombekämpfung. Es ist wie eine Herzdruckmassage am Unfallort. Man presst von Hand das Herz, damit das Blut am Zirkulieren bleibt und beatmet zwischendurch, damit der Patient nicht stirbt, bis endlich Rettung naht. Die evangelische wie die katholische Kirche kann mit direkter Kontaktarbeit weiter am Leben erhalten werden. Sie kann vielleicht sogar mehr aktive Mitglieder gewinnen. Aber eines löst der ganze Ansatz nicht: Es kommt keine Rettung.

In beiden großen Kirchen dreht sich der Streit nur noch um Kulturfragen. Was dürfen Frauen und Männer? Was dürfen Laien und Theologen? Welche Formen des Gottesdienstes sind zulässig und welche nicht? Wer darf mit wem Sex haben? Welche Lieder werden gesungen und welche sind zu peinlich? Welche Events können wir noch planen? Was ist noch katholisch und was ist noch evangelisch? Man spricht sich wechselseitig jeweils die Wahrhaftigkeit ab. Mir fällt zu diesem Kulturkampf ein Satz ein. Es ist ein Satz von Robert Pfaller über gleiche Rechte. Ich nutze ihn und formuliere ihn um, passend zu meinen Gefühlen zur innerkirchlichen Debatte: »Wer keine Hoffnung für alle herstellen kann, versucht eben, ein wenig Hoffnung für einige Gruppen herzustellen«.

So kann man sie sehr gut zusammenfassen, all die An-
sätze von Liberalen und Konservativen in den Kirchen.
So kann man all die Aufforderungen zu mehr Modernität
und einer neuen Sexualmoral verstehen. Dann verliert
man wenigstens nicht sein Ansehen bei der einen Zielgruppe. So kann man aber auch die konservative Seite
entlarven, die mit ihrer Verteidigungshaltung gegen jede
neue Form des Zusammenlebens versucht, eine andere
Zielgruppe zu binden. Es ist nur Marketing und nichts
mehr. In die eine wie die andere Richtung. Marketing
für eine Kirche, die wenn es gut läuft, noch plausibel
machen kann, woran sie glaubt, aber schon lange kaum
mehr jemanden mit diesem Glauben überzeugt. Die Getauften sind noch Mitglieder, aber längst keine Gläubi-
gen mehr.

Die These dieses Buches ist nicht falsch. Der Ansatz ist
hoch funktional. Aber er erscheint für Menschen in der
Kirche unschlüssig, weil er eine Frage nicht beantwortet:
Für wen ist das katholische beziehungsweise evangelische Christentum überhaupt noch relevant? Und wenn
man an diese Frage herangeht, dann sieht es düster aus.

An die katholische Sakramententheologie glaubt
kaum noch ein relevanter Teil der Kirchenmitglieder.
Fast alle haben kein Bedürfnis mehr nach der heiligen

Eucharistie. Man kann das beklagen, man kann laut schreien, man kann sich die Haare ausreißen, aber deswegen will noch immer keiner eine Hostie haben. Zunehmend weniger Menschen wollen kirchlich heiraten. Ja, es sind noch viele, aber wenn man hart auf die Zahlen und Fakten schaut, wird der Anteil immer geringer. Der Glaube der Getauften stirbt dramatisch schneller, als die Getauften aus der Kirche austreten.

Dieses Problem ist kein katholisches Alleinstellungsmerkmal. Die evangelische Bibellehre ist ebenso vorbei. Sie ist schlicht und ergreifend zur Geschichte geworden. Kaum noch ein evangelisch getaufter Christ richtet sein Leben am Bibelwort aus. Es liest schon fast niemand mehr die Heilige Schrift, davon, sich daran zu halten, ganz zu schweigen.

Ich lese den Text von David Holte nochmals. Was bei mir noch irgendwie nach Kirche und der Hoffnung klingt, dass man Menschen begegnen und sie begeistern kann, das wird in seinem Beitrag zu einem organisationstheoretischen Ansatz, der für jede Gewerkschaft und Partei genauso wie für die Kirche genutzt werden kann. Das macht ihn nicht falsch. Das fühlt sich nur falsch an.

Richtiger fühlt sich aus der Perspektive gläubiger Menschen an, was zur Zeit in Form des *Mission Manifests* diskutiert wird. Die zentrale These dieses Manifests ist, dass nur im Gebet der Anbeginn eines neuen Christentums liegen kann. Das Gebet macht die Kirche stark.

Ich möchte nicht zu denen zählen, die fadenscheinige Rettungsversprechen vortragen. Man müsse nur ausreichend beten und schon würde der Glaube der Kirche gestärkt. In all den vergangenen Jahrzehnten beteten die Christen, der Glaube der Kirche möge gestärkt werden. In all den vergangenen Jahrzehnten nahm der Glaube ab. Haben die sich allesamt verbetet? Und welches Gottesbild steckt hinter einem solchen Gedanken vom Gebet, das alles löst? Es verklärt Gott zum vom Menschen zu steuernden Mechanismus. Wie ein gigantischer Regler, den man mit der Menge an Gebeten hochschieben muss, damit er nicht nach unten rutscht. Was ist das für ein Gott? Keiner, an den man ernsthaft glauben kann.

Ich habe nichts gegen das Gebet und dagegen, dass man es ernst und wichtig nimmt. Nur muss dabei klar sein: Ein Krebsgeschwür kann man nicht fortbeten und diejenigen, die es versuchten, sind meist recht schnell gestorben. Denn der Krebs ist real vorhanden. Es ist ein Gewebe im Menschen, das wuchert und das nicht vertrieben werden kann von heiligem Zorn. Man schneidet es heraus und versucht, es mit hartem Gift aus dem Körper zu ätzen. Daran ist gar nichts Glaube. Das Einzige, was der Glaube leistet, ist, die Hoffnung zu geben, dass man das überleben kann. Er ist die psychologische Projektion eines noch größeren Geistes, der über alle Ärzte hinaus zusätzlich Heilung bringen kann, der viele Menschen nicht aufgeben lässt. Man kann es Glaube nennen oder Autosuggestion.

Reanimation

Ich habe die Antwort auf das Relevanzproblem der Kirche nicht. Machen Sie sich da keine Hoffnung. Ich trage es nur in aller Härte vor und weise zum Beispiel darauf hin, dass sich auch Kirchenmitglieder kaum für die moralischen Ansprüche interessieren, die die Kirche erhebt. Man kann zu ihnen predigen, was genau sie tun sollen, sie tun es nur nicht. Nicht nur, weil die Predigten oft schlecht geschrieben und noch öfter schlecht vorgetragen sind, sondern vor allem, weil von den Zuhörern (ja selbst die Zuhörer in den Kirchen, die noch kommen) viel zu oft nicht geglaubt wird, dass die christliche Position zu egal welchem Thema mehr ist als eine persönliche Meinungsäußerung der predigenden Person.

Die evangelische und katholische Kirche in unserem Land ist noch groß, groß in der Zahl. Zugleich ist sie winzig klein, winzig klein im Glauben. Eine Organisation mit Strukturen und Bürokratie, ein System gewiss, aber eben längst kein Universum mehr. Die Kirchen sind Arbeitgeber und Sozialpartner, sie sind Berater und auch Dienstleister, aber eben keine Glaubensgemeinschaft mehr. Übrig ist nur noch ein heiliger Rest.

Wer daraus keine Selbstaufgabe, sondern eine Mission ableiten will, kommt an der Neumissionierung der Kirchenmitglieder nicht vorbei. Was pervers klingt, muss der allererste Auftrag sein: Die Mitglieder der Kirche für den Glauben gewinnen.

Wir haben als Kirche eine lange Tradition. Wir kennen Verkündigung und Religionsunterricht, wir kennen alle möglichen und unmöglichen Formen des Gottesdienstes und des Gebets. Wir kennen großartige und höchst peinliche Kirchenevents. Wir kennen Kirchentage und eine unendliche Vielfalt an innerkirchlichen Strukturen. All das haben wir ausreichend oft versucht - es hat nicht geholfen. Der Glaube der Christenheit ging dennoch verloren. Ist mehr vom Alten wirklich ein Weg zum Neuen?

Wenn wir das Christentum neu erschaffen wollen - neu erschaffen auch in Westeuropa, neu erschaffen in einer aufgeklärten Gesellschaft, dann müssen wir von vorn beginnen. Vorne ist für das Christentum nicht allein bei Christus, sondern auch bei seinen Aposteln und Jüngern. Ganz am Anfang gab es nicht den einen Glauben, der definiert und geformt war. Er musste sich erst bilden. Er wurde nicht erschaffen in Satzungen und Setzungen, sondern er entstand im Gespräch. Im unmittelbaren Kontakt zwischen Menschen und in der Auseinandersetzung mit der Hoffnung, die all diese Menschen mit Christus verbanden. Am Anfang standen die Glaubenszeugnisse von Menschen, die selbst mit Jesus gelebt hatten. Am Anfang stand der Bericht vom eigenen Erleben mit dem Glauben an den einen Gott und seinen Sohn. Aus diesen Erzählungen entstanden neue Kontakte. Überall wollte man diejenigen hören, die von einem zu erzählen wussten, der von den Toten auferstanden war. Denn das war die Hoffnung, die sich in Christus materialisierte: dass jene Auferstehung nicht allein ihm zuteil wurde, sondern allen Menschen gilt.

Paulus selbst rechnete sein gesamtes Leben mit dem nahen Ende der Welt. Er lag falsch und wurde dennoch zum großen Lehrer der ganzen Christenheit. Er stellte Thesen über das Christentum auf, die bis heute vieles in der Christenheit prägen, aber er erwies sich in seiner generellen Einschätzung über das Ende der Welt als fehlgeleitet. Ein entlastendes Wissen, dass selbst der große Paulus mal nachweislich danebenlag und es dennoch in die Bibel schaffte.

Konfrontiert zu sein mit dem Scheitern des eigenen Glaubens angesichts der Realität, ist nichts Ungewöhnliches. Es begleitet das Christentum von Anfang an. Als die kleine jüdische Sekte der Christen auf die Griechen traf, die sie mit ihrer bestechend scharfen Logik konfrontierten, musste das Christentum sich neu ausrichten. In Auseinandersetzung mit dem Verstand wurde aus dem Glauben an den einen Gott und seinen Sohn etwas Neues. Denn die Griechen fragten kritisch, wie denn zusammenzubringen sei, dass der eine Gott befiehlt, keine Götter neben sich zu haben und die Christen dennoch zu ihrem Messias Jesus Christus beten. Waren da plötzlich zwei Götter?

Diese simple Frage führte das Christentum in eine lange Auseinandersetzung. Denn die einfachen Menschen, die nur von ihrem Glauben sprachen, der aus dem Kontakt mit Jesus oder aus dem Kontakt mit dessen Nachfolgern geprägt war, sahen sich plötzlich herausgefordert von der Logik griechischer Philosophen. Ein Vorgang, der nicht viel anders ist als die Attacken heutiger Naturwissenschaftler. Das wirklich Spannende an jener Auseinandersetzung damals war, dass die Christen nicht schlicht in einen Abwehrkampf gegen die Logik eintraten. Sie erklärten nicht, dass die Sphären des Glaubens und die Sphären der logischen Philosophie getrennt seien, wie das heute mit der Wissenschaft zu oft geschieht. Man erklärte auch nicht die Reichweite der Philosophie für begrenzt. Stattdessen bediente man sich des Mittels der Philosophie, um den eigenen Gott mehr zu verstehen. Im Gespräch mit den griechischen Philosophen entstand ein neues, deutlich größeres Verständnis von Christus. Nämlich, dass dieser weit mehr war als nur der Sohn eines Gottes, sondern die Präsenz Gottes als Mensch auf Erden selbst. Ein Kern des christlichen Glaubens und tiefen Verständnisses Gottes in der katholischen wie evangelischen Kirche bis heute, das nicht hätte entstehen können, wenn man sich nicht der kritischen Anfrage mit offener Bereitschaft zur Selbstüberprüfung gestellt hätte. Die Logik der Griechen half dem Christentum, mehr von sich selbst zu verstehen.

Die evangelische und katholische Kirche heute ist eine ganz andere als die frühe christliche Kirche. Ihr Glaube ist immer schon fertig. Er ist scheinbar final bestimmt und gegossen in Gesetze. Die einzige Frage, die man noch stellen darf, ist, welche Kulturformen zum fertig gedachten und entwickelten Glauben noch gehören dürfen. Ist eine homosexuelle Partnerschaft damit vereinbar? Ist Sex vor der Ehe Teil des Christentums oder nicht? Darüber zerfleischt man sich dann untereinander. Ein selbstreferenzielles System, das alles ist, aber nicht offen dafür, mit Hilfe der neuen Erkenntnistechniken der Moderne sein Gottesbild zu vervollkommnen.

Will man die Kirchenmitglieder neu missionieren, muss man vor allem und zuerst mit dem Missionsbegriff beginnen. Wir brauchen eben nicht den Missionsbegriff der vergangenen Jahrhunderte, in denen man loszog, und andere über den richtigen Glauben belehrte, im schlimmsten Fall unter Androhung von Gewalt. Wir brauchen den Missionsbegriff der frühen Christenheit, bei dem man loszog, um vom eigenen Glauben zu erzählen und bereit war, aus der Antwort des Gegenübers Neues über den eigenen Gott zu erfahren. Mit einem solchen Missionsbegriff ließe sich unsere Gesellschaft für das Christentum erneut gewinnen.

Ein Modellversuch

Am Anfang des Textes sprach ich davon, dass wir alle Kraft in die Kontaktarbeit stecken sollten. Dieser Ansatz war zunächst geprägt von schlichter Funktionalität. Er war geprägt davon, dass sich basierend auf wissenschaftlichen Quellen nachweisen lässt, dass Kontaktarbeit tatsächlich Bindungen stärkt. Aber - und diese Kritik war berechtigt - mit Glauben hatte das nichts zu tun.

Wenn ich aber ausgehend vom Relevanzproblem und der tatsächlichen Realität, dass nur noch geringe Restbestände des katholischen und evangelischen Glaubens innerhalb der beiden Kirchen vorhanden sind, erneut nachdenke, was der Kirche eine Zukunft bringen kann, dann komme ich zu der Überzeugung, dass es tatsächlich der Kontakt und das Gespräch über den Glauben mit allen kritischen Anfragen ist. Deshalb will ich, dass die Kirchengemeinden losziehen und das Gespräch mit ihren Mitgliedern suchen. Deshalb will ich, dass wir die kirchlichen Ressourcen so neu ausrichten, dass mehr Zeit übrig bleibt für das Gespräch mit denen, die nicht in die Kirche kommen, sondern nur noch Mitglied in ihr sind.

Niemand wird alle bestehenden Strukturen in der Kirche auflösen. Nirgendwo werden 30 Personen in einer Gemeinde mit nur 5.000 Haushalten eingesetzt werden. Aber der Gedanke hilft. Eine Maximalprojektion nennt man das, ein radikales Gedankenspiel »Was wäre, wenn?«. Die Folge daraus sollte nicht Resignation sein, sondern der Versuch, im Kleinen in diejenige Richtung zu handeln, die einen im Großen überzeugt.

»For the many not the few!« - »Für die Vielen, nicht die Wenigen!« lautet ein populärer Slogan in Großbritannien. Er sammelt die Masse der Menschen mit niedrigem und normalem Einkommen gegen die Wenigen mit den höchsten Kapitalbeständen. Für die Kirche kann das Motto, wenn es zu einer echten Missionierung der 90 Prozent inaktiver Mitglieder kommen soll, so nicht lauten. »Nicht die Wenigen!« kann keine kirchliche Antwort darauf sein, dass 10 Prozent der Mitglieder traditionellen kirchlichen Sozialformen so lange treu geblieben sind. Es kann und darf keine Antwort auf Gebet und Heimat in der Kirche sein, diese komplett abzuschaffen. Das Motto für einen kirchlichen Entwicklungsprozess mit dem Ziel einer Kirche für alle kann nur im Sinne einer Missionsbewegung gelingen, bei der diejenigen, die noch katholisch oder evangelisch glauben, mit ihrem Glauben losziehen und das Gespräch mit denen suchen, die das kaum mehr oder gar nicht mehr tun, aber ihre

Kirche noch nicht aufgegeben haben. Aufsuchen nicht um zu erklären, was man glauben soll, sondern, um auch selbst im Gespräch mit anderen mehr über den eigenen Glauben zu lernen. So wie die frühen Christen erst im Kontakt mit den Griechen in Jesus ihren Gott erkannten, sollen auch Gläubige heute bereit sein, mehr über ihren Gott im Diskurs mit denen zu erfahren, die das tradierte Gottesbild nicht teilen. *»Mit den Wenigen zu den Vielen«* oder schlauer *»Mit den Wenigen zu den Vielen und damit näher zu Gott«*.

Weil aller Anfang schwer ist, werde ich im Folgenden einen Weg skizzieren, wie eine Gemeinde sich selbst so organisieren kann, dass sie ganz ohne Hilfe von außen mehr Gespräche mit all jenen führt, die heute noch in der Kirche sind, aber längst nicht mehr kommen. Die nachfolgenden Schritte verstehen sich dabei weniger als fertige Anleitung denn als Inspirationsquelle für eigene lokale Lösungen und Wege hin zu einer aufsuchenden Kirche, in der am Ende die Christenheit mehr über ihren Gott weiß.

Das Erbe ist verprasst

Keine Veränderung in der Kirchengemeinde kann gegen diejenigen gelingen, die bereits da sind. Wer Menschen mitnehmen will für einen neuen Weg, der muss sie zum Träumen UND Hoffen bringen. Es muss die Lust entstehen, eine Veränderung mitzugestalten, statt gegen sie anzukämpfen. Das gilt für jeden Einzelnen von uns selbst.

Kirchliche Entwicklung scheitert viel zu oft daran, dass sie versucht, Kürzungen attraktiv zu machen. Entwicklungsprozesse sind viel zu oft nur eine billige Verpackung gegen die Angst und werden zu Recht als solche enttarnt und kritisiert. Daher ist die Kürzung nicht der richtige Moment für einen Neuanfang, sondern im Grunde jeder Tag davor. Der richtige Tag ist der, an dem man gar nichts ändern muss, sondern nur etwas ändern will. Der richtige Tag ist der, an dem ich etwas über meinen Gott lernen will, statt andere über meinen Gott zu belehren.

Für mich steht am Anfang der Bewegung von den Wenigen hin zu den Vielen das Gleichnis vom verlorenen Sohn. Ich weiß, es ist das eine Gleichnis, das uns allen zum Halse raushängt, weil es so oft genutzt wird. Aber vielleicht ist meine Interpretation ja mal ausnahmsweise überraschend ...

Jesus berichtet im Gleichnis davon, dass ein Sohn sein Erbteil einfordert, fortzieht und sein ganzes Erbe verprasst. Der andere Sohn bleibt in der Familie. Irgendwann kehrt der eine einsame Sohn aus Verzweiflung zurück und der Vater feiert ein Fest. Der Sohn, der all die Jahre geblieben ist, ist voller Eifersucht. Doch der Vater antwortet: »Du solltest aber fröhlich und guten Mutes sein, denn dieser dein Bruder war tot und ist lebendig geworden, er war verloren und ist wiedergefunden.« (Lk, 15,32)

Vielleicht ist der Anfang der Bewegung hin zu den Vielen eine Predigt basierend auf dem Gleichnis vom verlorenen Sohn. Aber nicht, indem wir die immer gleiche Predigt dazu halten, dass wir uns über jeden freuen müssen, der kommt. Dass wir auch denjenigen gute Angebote bieten müssen, die nur für eine Taufe oder für eine Hochzeit zu uns kommen. Nicht in der Form, dass wir uns um diejenigen besonders bemühen müssen, die in der Kirche nur noch einen Dienstleister für besondere Anlässe sehen. Nicht schon wieder in genau der gleichen Weise.

Ich glaube, man muss anders auf das Gleichnis des verlorenen Sohns schauen: Wir haben nicht einen Sohn verloren, sondern fast alle. 9 von 10 Söhnen sind gegangen. Sie sind nicht ausgetreten, gehören noch zur Familie, aber sie kommen nicht mehr, um am Leben der Gemeinde teilzuhaben.

Nicht die anderen sind verlorene Söhne, sondern die Aktiven in den Gemeinden sind es. Die haben das Erbe genommen und es verprasst. Verprasst für Orgeln und Kirchenbauten, Küchen im Gemeindehaus und Fachstellen. Langsam wird das Leben in den Gemeinden knapp. Immer weniger ist los und das frustriert. Das Gemeindeleben fühlt sich hohl an ohne die Familie, die wir irgendwo zurückgelassen haben. Der letzte Rest Gemeindeleben ist viel zu oft so frustrierend wie das Schweinehüten. Die Aktiven in der Kirche sind der verlorene Sohn, der in der Ferne wehmütig an den eigenen Vater denkt. Sie sind diejenigen, die aufbrechen und zurückkommen in der Hoffnung, dass sie fröhlich empfangen werden.

Manchmal hilft es, die Dinge schlicht aus der anderen Richtung zu betrachten. Nicht das Defizit immer im Gegenüber zu suchen, sondern in sich selbst. »Dieser Bruder war tot«, heißt es in der Bibelstelle. Stimmt, das klassische Gemeindeleben geht langsam vor die Hunde. Das Erbe ist verprasst. Kein Nachwuchs, schwindende

Ressourcen und ein Mangel an gelebtem Glauben. Das Erbe ist verprasst.

Als ich das Gleichnis so einem Freund auslegte, war er erst betroffen und dann tief bewegt. Es war für ihn ein völlig neuer Blick auf eine altbekannte Geschichte. Nichts anderes ist mein Ansatz der Mission. Ja, wir kennen Haustürmission auch von den Zeugen Jehovas, aber hatte jemals einer dieser Zeugen das Bedürfnis, nicht nur mir zu sagen, wie man angeblich richtig glaubt, sondern wollte in mir mehr über seinen Gott erfahren? Ich glaube, sicherlich nicht.

Wenn man sich selbst als der verlorene Sohn versteht, der nun nach Hause kommt zu seiner lange ignorierten Familie der anderen Gemeindemitglieder, dann versteht man, was man von all diesen Menschen lernen kann: Nämlich wie der Vater ist, den man so lange nicht gesehen hat. Was haben die anderen mit Gott erlebt? Was glauben eigentlich die anderen in meiner Kirche? Was an diesem Glauben schreckt mich ab? Was fordert mich heraus? Was bringt mich ernsthaft zum Nachdenken und erweitert meinen Blick auf meinen Gott?

In der Kirche sprechen wir ständig über den Wert von Glaubenszeugnissen. Besonders gerne wollen wir sie selbst abgeben. Viel wichtiger wäre es allerdings, wenn wir uns auf die Suche machen würden nach den Zeugnissen von Menschen, die kaum noch glauben oder anders. Vielleicht erkannten sie eine Seite von Gott, die wir stets übersahen in all unseren Ritualen, geprägten Formen und tradierten Gebeten. Vielleicht offenbarte Gott sich mal wieder in der Fremde statt im Gotteshaus.

Das Gespräch suchen

Ich muss ein bisschen schmunzeln bei der Vorstellung, dass bei mir mein Pfarrer klingelt und an der Türe sagt: »Entschuldigen Sie bitte, Herr Flügge, wir kennen uns nicht. Ich bin der Pfarrer Ihrer Gemeinde und ich wollte Sie mal fragen, wie Gott so ist.« Ich glaube an dieser Frage hätte ich wirklich Spaß. Ich gebe zu, ich wäre auch heillos mit der Beantwortung überfordert. Aber genau das ist doch der Charme. Ich muss nicht wieder jemandem zuhören, der mir erzählt, was in irgendeinem katholischen Dogma steht, sondern ich bin selbst herausgefordert, Gott eine Stimme zu geben. Ich muss nicht wieder von irgendeinem Protestanten Bibelstellen herunter gerattert bekommen, sondern bin selbst in der Pflicht.

Erwarten Sie bitte nicht, dass ich die Antwort weiß, wenn Sie bei mir klingeln. Ganz ehrlich, ich weiß die Antwort nicht! Aber genau die Tatsache, dass ich sie nicht abschließend und absolut weiß, hilft doch meinem Gesprächspartner weiter. Wer bei mir klingelt, weiß schon vorab, dass ich keine neue Wahrheit zu berichten habe, dass aber vielleicht genau das, was ich von Gott zu berichten habe, das Verständnis des Fragenden von Gott erweitert. Wer mich fragt, wie ich Gott kenne, wird seinen Glauben sicherlich nicht verlieren, aber im besten Fall seinen eigenen durch Abgrenzung von mir stärken oder durch meine Perspektive erweitern. Beides wäre schön.

Damit mein Pfarrer bei mir klingeln kann, braucht es eine Menge organisatorischer Voraussetzungen. Die kleine, aktive Gemeinde, die heute alle Ressourcen für sich in Anspruch nimmt, muss mir ein bisschen Pfarrer abgeben. Denn Freude an der Haustürmission entsteht nicht dadurch, dass sie ausschließlich in Überstunden geschieht. Und ohne Freude wird das nicht klappen.

Ich bin der Überzeugung, dass man mit Gemeinden Ressourcenverschiebungen verhandeln kann, wenn die Ziele klar sind. Wenn es sich eine Gemeinde zum Ziel macht, in den Dialog über den eigenen Glaube mit all jenen zu treten, die nicht in die Gemeinde kommen, dann lässt sich auch klären, welche Aktivitäten für die Gemeinde geringere Priorität haben.

Für die Erarbeitung eines solchen Ziels gibt es vielfältige Methoden. Ich zum Beispiel arbeite gerne mit unserer Demografie-Simulation, bei der ich anhand von vielen hundert Spielfiguren visuell recht eindrücklich darstellen kann, wie viele Menschen eigentlich da sind, die man nur ansprechen müsste.

Im Idealfall bricht nicht nur hauptamtliches Personal auf zu den anderen Gemeindemitgliedern, sondern die aktiven Teile der Kirchengemeinde kommen gleich mit. Dafür muss man sich aber erst langsam an den Gedanken des Aufbruchs zu den anderen gewöhnen und diesen möglichst niedrigschwellig entwickeln. Der erste Schritt dabei muss gar nicht der sein, an einer Haustüre zu klingeln. Der erste und vielleicht einfachste Schritt kann in einer Gruppe von Leuten erledigt werden, die sich im Gemeindehaus treffen. Diese können Postkarten zu Ostern schreiben. Von Hand und einfach eine nach der anderen an jedes Gemeindemitglied. Ein kleiner Gruß von den Aktiven in der Kirchengemeinde an alle anderen. Der Text für solch eine Karte ist nicht schwer zu finden. Er könnte lauten wie dieser: »Ostern ist das wichtigste Fest für uns Christen. Wir feiern, dass Jesus von den Toten auferstanden ist und hoffen deshalb darauf, dass auch wir von den Toten auferstehen. Sie sind Mitglied in unserer Kirche und darum wollen wir Ihnen mit dieser Karte Hoffnung machen. Wir glauben, dass Sie auferstehen werden. Herzliche Grüße von Ihrer Kirchengemeinde. Schön, dass Sie bei uns Mitglied sind!« Eine kleine Geste, bei der nicht darum gebettelt wird, dass der andere doch in der Osternacht zum Gottesdienst kommt. Einfach ein kleines Zeichen, das aussagt: »Wir wissen, dass Sie Teil unserer Gemeinde sind. Wir haben Sie nicht vergessen. Sie sind Teil der Hoffnung, die in unseren Herzen wohnt.«

Als ich das letzte Mal diesen Vorschlag in einer kirchlichen Zukunftswerkstatt machte, meldete sich ganz schnell einer und merkte kritisch an: »Ja, wann soll man das noch machen und wie soll das mit den Adressen gehen? Das geht nicht!« Da platzte einem jungen Teilnehmer der Kragen und er rief laut aus: »Echt jetzt? Wir haben gerade alle genickt, als uns das erzählt wurde und jetzt soll es an den Adressen scheitern?! Die sind alle getauft, die stehen doch alle in einer Kartei. Da druckt man Adresskleber aus. Wenn's daran scheitert, können wir zumachen!«

Der junge Mann hat Recht. Wenn man das eigene Fragemuster ändert, kann man plötzlich viel hinbekommen. Die Frage darf nicht sein, wie etwas nicht gelingt, sondern wie man es hinbekommt. Klingt wie eine Binsenweisheit, aber leider ist es wirklich so: Man muss es einfach machen. Also:

1. Ausdrucken der Liste mit allen Namen der Kirchengemeindemitglieder.
2. Einen Stapel Postkarten bei einer Druckerei bedrucken lassen in der Anzahl der Gemeindemitglieder.
3. Leute einladen zu einem lustigen Abend mit ein bisschen Wein und Schnittchen zum Kartenschreiben.
4. Text für die Karte auf ein großes Plakat schreiben.
5. Den Teilnehmenden sagen, dass man jetzt einfach eine Karte nach der anderen schreibt, so weit man kommt.
6. Dabei Wein zusammen trinken.
7. Adressaufkleber auf fertige Karten kleben.
8. Briefmarke draufkleben.
9. Zur Post bringen.
10. Freuen, dass man Leute kontaktiert hat und ein gemeinsames Foto von der Aktion machen und an die Zeitung schicken. Sicherlich gibt's dann auch noch einen Presseartikel.

So ein erster Schritt senkt die Barriere, dann auch aufzubrechen und andere Gemeindemitglieder wirklich aufzusuchen. Mindestens auf die Postkarte kann man die Besuchten dann ansprechen.

Noch etwas: Eine Person aus dem kirchlichen Dienst und eine freiwillige Person können gemeinsam zu Hausbesuchen aufbrechen. Allein die Zeit, die man zu zweit in der Kontaktarbeit verbringt, kann wertvolle Seelsorgezeit für alle Beteiligten sein. Man kann darüber sprechen, was man erlebt mit den Christen, die man noch nicht kennt.

Gott im Gespräch erkennen

Wenn das Aufsuchen und das Gespräch mehr sein sollen als die Aktivierung einer kirchlichen Basis, dann ist die Frage entscheidend, wie man das Erlebte in das eigene Glaubensbild integriert. Der Glaube ist seit jeher durch mehr definiert als durch eine einfache Interaktion. Er besteht auch aus der Grundbotschaft Jesu, aus der Überlieferung der Heiligen Schrift, aus einer jahrhundertelangen Glaubenstradition, aus kirchlichen Ritualen und Formen. Der Ansatz einer Haustürmission, die offen ist, auch unterwegs Gott zu finden, muss sich nicht frei machen von dem Gottesbild, dass sie bereits hat. Sie muss nur die Bereitschaft aufbringen, die Gotteserfahrungen und Perspektiven auf das Christentum des Gegenübers zu reflektieren.

Das Gebet, und deshalb nehme ich es so wichtig, passt dazu. Das Gebet kann mehr sein als eine gesetzte Form. Es ist Zeit, die ich der Beziehung zu Gott widme. Diese Zeit kann selbstredend auch Erlebnisse mit anderen Christen integrieren. Das Gebet ist der Reflektionsort für Erfahrungen mit dem Glauben des Gegenübers und der Moment, in dem man überprüfen kann, welche neuen Perspektiven das eigene Gottesbild erweitern und nicht zertrümmern.

Bezogen auf die Frage der Relevanz katholischen wie evangelischen Glaubens, wie er heute noch von den wenigen Aktivgläubigen ernsthaft gelebt wird, sind diese äußeren Eindrücke entscheidend. Denn in der inneren Auseinandersetzung mit all diesen Eindrücken kann man sich auf die Suche danach machen, was ein möglicher Dialog zwischen der tradierten Form und dem Gottesbild des Gegenübers ist. Kann ich katholische Sakramente in den Wünschen des Gegenübers erkennen oder die Sakramente in der Perspektive des Gegenübers neu verstehen, sodass diese in unserer heutigen Zeit und unter den Eindrücken unserer Erkenntnisfindung einen neuen Sinn ergeben?

Erst wenn wir eine Relevanzsuche für das Alte im Neuen beginnen, kann sich auch wieder ein neues Sprechen vom Glauben entwickeln und damit eine Fähigkeit, diesen so zu verkünden, dass das Wort von Gott nicht ins Peinliche oder Belanglose abrutscht. Im Grunde muss ich erst im bestehenden Glauben des Gegenübers den Ansatzpunkt finden, um ihn mit dem Glauben der eigenen Kirche neu zu verknüpfen. Dies hat nicht zwangsläufig die Auflösung des Alten zur Folge, aber durchaus die Erweiterung - eine Erweiterung, die erst lokal verstanden werden kann, um dann in der kircheneigenen Langsamkeit auch irgendwann zu einer Weiterentwicklung der Glaubensgrundsätze beizutragen.

Eine Kirche
neuen Charakters

Die Kirche, wie David Holte und ich sie aus sehr unterschiedlichen Zugängen heraus skizzieren, hat einen anderen Charakter als jene Kirche, die heute so oft ob ihres langsamen Verfalls betrauert wird. Sie versucht, sich im Kontakt zu anderen zu erneuern und macht damit den Menschen mit seiner Glaubenserfahrung heute zum Mittelpunkt einer neuen Gottessuche. Damit nutzt sie eine Quelle des Glaubens, die immer hochaktuell ist und nicht für veraltet erklärt werden kann.

Das organisationstheoretische Nebenprodukt dieser Aktivitätenverschiebung auf den Kontakt zu inaktiven Gemeindemitgliedern ist eine Stärkung des Gemeindelebens dadurch, dass mehr Beziehungen untereinander entstehen und damit Zugänge zum Gemeindeleben und zu kirchlichen Angeboten niedrigschwelliger werden. Die aktiven Teile der Gemeinde übernehmen damit eine Funktion, die lange die Eltern wahrgenommen haben, die ihre Kindern mit an den fremden Ort Kirche genommen haben. Jetzt, wo zunehmend weniger Eltern diese Funktion wahrnehmen, springt die Kirchengemeinde ein, schafft neue Beziehungen zu Getauften und kann diese damit auch mit in den Gottesdienst bringen.

Gelingen wird dieses Unterfangen nur, wenn die Haustürmission mehr sein will als eine Rekrutierung für den Gottesdienst. Sie gelingt nur, wenn die Aktivgläubigen ein Interesse entwickeln, ihren Glauben an anderen getauften Christen zu messen und auch in diesen die Hoffnung zu erkennen, die in ihnen wohnt. Die Haustürmission gelingt nur dann, wenn sie nicht werbend versucht, dazu zu drängen, sofort an einem Angebot teilzunehmen, sondern wenn sie der ehrliche Versuch einer echten Kontaktaufnahme ist. Und vor allem: Die Mission gelingt nur, wenn man sie macht.

Vielleicht bietet dieses Buch hierzu eine kleine Inspiration. Es lebt genau wie der Glaube vom Teilen.

MIX
Papier aus verantwor-
tungsvollen Quellen
FSC® C083411
FSC
www.fsc.org

© Verlag Herder GmbH, Freiburg im Breisgau 2018
Alle Rechte vorbehalten
www.herder.de

Umschlaggestaltung: Frédéric Ranft, Squirrel & Nuts GmbH
Satz: post scriptum, Vogtsburg-Burkheim / Hüfingen
Herstellung: CPI books GmbH, Leck
Printed in Germany

ISBN Print 978-3-451-38327-4
ISBN E-Book 978-3-451-81471-6